17 mai 1852.

Exemplaire de Beurdeley f^{ls}

17 mai 1852.

CATALOGUE

D'UNE RÉUNION

DE

25 TABLEAUX

Provenant de la Magnifique Collection

De Feu M. SIEBEL D'ELBERFELD

DONT LA VENTE AURA LIEU

LE LUNDI 17 MAI 1852, A MIDI

HOTEL DES VENTES,

RUE DES JEUNEURS, N° 42,

Grande Salle n. 1,

Par le ministère de M° BONNEFONS DE LAVIALLE, Commissaire-Priseur à Paris,

Rue de Choiseul, 11,

Avec l'assistance de M. GEORGE,

ANCIEN COMMISSAIRE-EXPERT DU MUSÉE DU LOUVRE,

Rue du Sentier, 8.

Exposition publique

LES SAMEDI 15 ET DIMANCHE 16 MAI 1852, DE MIDI A CINQ HEURES.

Exemplaire de Beurdeley père.

PARIS

IMPRIMERIE ET LITHOGRAPHIE DE MAULDE ET RENOU,

rue des Fossés-Saint-Germain-l'Auxerrois, 14.

—

1852

CONDITIONS DE LA VENTE.

Elle sera faite au comptant.

Les acquéreurs paieront, en sus des adjudications, cinq pour cent applicables aux frais de vente.

AVANT-PROPOS.

Les vingt-cinq tableaux, dont nous publions le catalogue, proviennent de la célèbre collection formée par M. Siebel d'Elberfeld, de 1800 à 1820. M. Siebel était un amateur non seulement de goût, mais d'expérience et d'érudition. Il avait en Allemagne une réputation de grand connaisseur ; ses conseils et ses appréciations en matière de peinture étaient recherchés comme une vraie expertise.

La ville d'Elberfeld, qu'il habitait, est voisine de Cologne ; c'est dans cette dernière ville, qui fut longtemps pour ainsi dire le Musée des écoles primitives de l'Allemagne et de la Flandre, qu'il composa sa collection , à l'époque même où les frères Boisserée y créaient cette admirable galerie de tableaux gothiques allemands et flamands qu'on admire aujourd'hui dans la Pinacothèque de Munich. Jamais ville et jamais époque ne furent plus propices aux recherches et aux découvertes des amateurs des vieilles écoles : les monastères et les trois cent soixante-cinq églises de Cologne regorgeaient de tableaux anciens. La situation de cette ville entre l'Allemagne et les Pays-Bas en avait fait l'entrepôt des richesses artistiques des deux pays. Les révolutions et les guerres de la fin du siècle dernier en livrèrent une grande partie aux hasards des ventes et des enchères. Ce fut dans l'immense liquidation de ce patrimoine de chefs-d'œuvre, lentement amassés pendant trois siècles par le clergé et les corporations de Cologne, que les frères Boisserée puisèrent les trésors de leur galerie et que M. Siebel acquit les quelques beaux tableaux du XVe siècle qui enrichissent et caractérisent notre vente. Les autres toiles qui la composent sont toutes, à différents degrés des œuvres qui révèlent, le tact et le discernement d'un amateur éclairé.

M. Siebel avait désigné lui-même les attributions de ses tableaux ; il était à même, autant que personne, de constater leur authenticité, soit par ses connaissances spéciales, soit par l'origine même de ses acquisitions. Notre tâche s'est donc bornée dans la rédaction de ce catalogue à une analyse exacte et précise de la composition des tableaux et à une appréciation sommaire de leurs qualités caractéristiques.

CATALOGUE

DE

25 TABLEAUX

PROVENANT DE LA COLLECTION

De M. SIEBEL D'ELBERFELD.

ÉCOLES FLAMANDE, HOLLANDAISE ET ALLEMANDE.

EYCK (Jean Van):

1. La Vierge et l'Enfant.

La Vierge, assise sur un pan de muraille tapissé de verdure, soutient entre ses bras l'Enfant-Jésus revêtu d'une simple chemise; il porte la main sur un livre ouvert sur les genoux de sa mère. Le vêtement de Marie consiste en une robe et un manteau roses drapés à larges plis autour d'elle; le manteau est retenu sur sa poitrine par un riche fermoir; ses longs cheveux retombent en boucles ondoyantes sur ses épaules. Le mur qui sert de siége à la Vierge forme une clôture flanquée d'une porte en bois où se tient perché un paon, et au-delà de laquelle se présente un paysage richement boisé. On y remarque un village, un étang, quelques animaux et des montagnes dans le lointain.

L'aspect frais et clair de ce tableau, le brillant émail de sa couleur, l'intacte pureté de sa conservation, en font un des ouvrages les plus remarquables et les plus séduisants de l'époque à laquelle il appartient.

Bois. — Haut., 1 m. 3 c. Larg., 84 c.

OUWATER (Albert).

2. Un Tryptique.

Le tableau du milieu représente la scène du Calvaire. Sur le volet de droite on voit la Vierge, l'Enfant-Jésus et sainte Anne ; sur celui de gauche un saint berger et le donateur. L'artiste a peint en grisaille, sur la partie extérieure des volets, saint Jacques et saint Paul en costumes du moyen-âge.

Bois, forme d'autel. — Haut., 52 c. Larg., 30 c.

QUINTIN MESSIS.

3. Un Banquier du quinzième siècle.

Il est assis devant une table recouverte d'un tapis vert et enregistre, sur son livre, une somme d'argent qu'il compte à un gentilhomme. Son nez est pincé dans une paire de besicles; d'une main il tient une pièce d'or, de l'autre sa plume posée sur le livre ; son regard suit attentivement la transcription commencée. Sa tête est coiffée d'un bonnet rouge, orné d'un brillant enrichi de perles ; il porte une robe vert clair, garnie de fourrures au colet et aux poignets. Le gentilhomme, nonchalamment appuyé sur son épaule, et tenant en main une sacoche de peau, le regarde d'un air ironique. Sa tête est couverte d'une espèce de voile vert bouffant et bizarrement ajusté ; il est vêtu d'une robe rouge doublée de bleu. Des piles de pièces d'or et d'argent jonchent la table où se trouvent encore un sablier et une écritoire. Des livres, un chandelier et des papiers rangés sur une tablette, des ciseaux accrochés à un clou, complètent l'ameublement de la chambre qui est décorée de boiseries.

Ce curieux tableau, dont la conservation est intacte, est d'une surprenante vérité d'aspect. Les expressions des figures semblent prises sur nature tant elles sont justes et vivantes. La scrupuleuse correction du dessin, le rendu naturel du modelé, la simplicité de l'exécution, toutes les qualités d'une peinture à la fois étudiée et naïve, recommandent cette composition à l'attention des directeurs des Musées et des amateurs des anciennes écoles. — On rencontre souvent des imitations de Quintin Messis, mais ses ouvrages authentiques sont très rares.

Bois. — Haut., 92 c. Larg., 74 c.

CRISTI ou CRISPI (Péter).

4. Un Joaillier de ███. 1449.

Assis devant une table et occupé à vendre des bijoux à deux jeunes fiancés, il tient d'une main un brillant et de l'autre une balance dans laquelle il s'apprête à le peser. Ses regards sont tournés vers ses deux clients dont il écoute attentivement les observations. Il est vêtu d'une large robe rouge plissée ; sa tête est coiffée d'un bonnet rouge et entourée d'une double auréole. Nous n'avons pu, malgré de nombreuses recherches, découvrir la signification de cette auréole qui contraste si bizarrement avec la familiarité du sujet.

Les deux fiancés sont debout devant lui. Le jeune homme tient le pommeau de son épée et s'appuie d'une main sur l'épaule de la jeune fille. Sa tête est couverte d'une toque noire ; son vêtement garni de fourrures, entr'ouvert à la poitrine, laisse voir une chaîne d'or posée sur sa chemise. La femme est coiffée d'un large bonnet empesé et vêtue d'une robe de soie à brocards d'or,

garnie sur le devant et aux poignets de bandes en velours rouge.
Son regard, empreint de défiance, semble interroger le joaillier
sur la fidélité de sa balance. Des boîtes pleines de bijoux, des
vases, des coraux, un collier et d'autres joyaux sont suspendus
à la muraille ou déposés sur des tablettes. Des piles de mon-
naies d'or, une boîte à poids et des médaillons garnissent la
table.

La signature de ce tableau nous révèle un maître à peine cité
par les anciens biographes et dont les ouvrages ont été sans doute
jusqu'ici attribués à d'autres peintres célèbres de la même époque. La simplicité élégante de son exécution, la naïveté de ses
airs de tête, l'éclat limpide de sa couleur, le recommandent
désormais, d'après l'indication que nous venons de donner, à
l'attention des amateurs.

Bois. — Haut., 1 m. 0 c. Larg., 87 c.

MIREVELT (Michel).

5. Portrait de Femme.

C'est celui d'une dame hollandaise représentée debout et à mi-
jambes devant la terrasse d'un parc qui sert de fond au tableau.
Elle tient ses gants dans sa main droite, pendante le long d'une
robe de moire noire sur laquelle retombe une large collerette
plissée. Sa tête est coiffée d'un petit béguin garni de dentelles ;
des manchettes également en dentelles et des bracelets d'or
ornent ses poignets.

Ce portrait, d'une conservation parfaite, est un des plus beaux
ouvrages de Mirevelt qui est rangé, comme on le sait, parmi les
meilleurs portraitistes de l'école hollandaise.

Bois. — Haut., 1 m. 15 c. Larg., 85 c.

POELENBURG (CORNEILLE).

6. Les Baigneuses.

Huit jeunes femmes se baignent dans une rivière qui coule à l'ombre d'un coteau semé d'arbustes. L'une d'elles, assise sur un fragment de rocher, cause avec deux de ses compagnes qui sont déjà sorties de l'eau. A droite se déploie une vaste campagne décorée d'une fabrique en ruines et éclairée par un beau soleil d'Italie.

On retrouve dans ce tableau toute la suavité de couleur et de pinceau des si gracieux ouvrages de Poelenburg; il est en outre d'une belle conservation.

Bois. — Haut., 27 c. Larg., 38 c.

BRAMER (Léonard).

7. Intérieur de Corps-de-garde.

Deux soldats jouent aux cartes. L'un cache son jeu derrière son dos et montre au spectateur l'as de cœur qui lui assure le gain de la partie; l'autre examine ses cartes d'un air de dépit et de tristesse. Un troisième soldat regarde les deux joueurs tout en bourrant sa pipe; un quatrième allume la sienne à un réchaud. Deux autres soldats amènent un prisonnier au corps-de-garde. Des cuirasses, des tambours, des piques, des étendards, sont épars sur le plancher ou suspendus à la muraille.

Ce tableau brille autant par son exécution piquante et spiri-tuelle que par son effet tout Rembranesque.

Bois, forme ovale. — Haut., 36 c. Larg., 48 c.

HACHERT (Jean).

8. Paysage.

Un paysan conduit deux bœufs sur un chemin qui détourne entre deux collines rocheuses couronnées d'arbres touffus. Le premier plan est baigné par une rivière ; dans l'éloignement s'élèvent des montagnes frappées des derniers reflets du soleil couchant.

Bois. — Haut., 25 c. Larg., 35 c.

CHAMPAIGNE (Phillipe de).

9. Portrait d'homme.

Il est vu en buste, de trois quarts, la tête nue, la lèvre ombragée de fines moustaches à la Louis XIII, et le menton garni d'un léger bouquet de barbe. Ses cheveux grisonnants retombent en boucles épaisses sur ses épaules ; un large rabat de mousseline se déploie sur son pourpoint de soie noire.

Ce portrait, comme tous les beaux ouvrages de Philippe de Champaigne, est une fidèle copie de la nature.

Toile, forme ovale. — Haut., 55 c. Larg., 46 c.

CHAMPAIGNE (Jean-Baptiste de)

10. Portrait d'un Abbé.

Il porte un manteau et une soutane de soie noire, attachée par une ceinture de même étoffe. Ses longs cheveux bouclés sont recouverts par une petite calotte noire.

Portrait digne du précédent par son air de vérité et le soin tout particulier de son exécution.

Toile. — Haut., 55 c. Larg., 45 c.

HONDEKOETER (Melchior).

11. Oiseaux de basse-cour.

Un coq brun et un pigeon perchés sur une balustrade, un coq qui becquète des grains et une poule blanche panachée qui s'élance pour prendre son vol, ont suffi au peintre pour produire un merveilleux chef-d'œuvre dans son genre.

Sous le triple rapport du naturel exquis des poses et des allures, de la beauté de l'exécution et de la richesse de la couleur, la peinture ne saurait rien créer de plus parfait.

Toile. — Haut., 1 m. 13 c. Larg., 1 m. 2 c.

WITT (Emmanuel de).

12. Intérieur d'un Temple protestant.

La vue en est prise d'une nef latérale, en face de la porte d'entrée qui apparaît au bout de la grande nef avec son orgue et sa tribune. A gauche le regard frise le profil des chapelles d'un des bas-côtés. Parmi plusieurs groupes de figures distribuées de manière à indiquer les distances, on remarque sur le devant une vieille femme avec un petit garçon et son chien, assise auprès d'une brouette, d'un balai et d'un panier et autres ustensiles.

Morceau d'un piquant effet de lumière.

Toile marouflée sur bois. — Haut., 36 c. Larg., 30 c.

MILET (Francisque).

13. Vue d'Italie.

Deux personnages qui viennent de sortir d'un massif d'arbres touffus sont arrêtés devant un tombeau élevé sur le bord d'un chemin. Dans l'éloignement, une rivière cotoie une ligne de montagnes dressées à l'horizon, disparaît derrière des collines rocheuses et revient jusque sur le premier plan tomber en cascade dans un profond ravin.

Ce paysage a toute la poésie de composition d'un Guaspre, re-

levée par une couleur brillante et un effet lumineux plein d'har-
monie.

L'exécution est d'une remarquable énergie de touche et d'em-
pâtement.

Toile. — Haut., 30 c. Larg., 37 c.

ROOS (Jean-Henry).

14. Scène de Bohémiens.

La scène se passe aux environs de Rome, près du tombeau de
Cécilia Metella. Des bohémiens enfouissent dans une fosse creu-
sée par un homme qui tient encore sa bêche à la main, des sta-
tues et des vases précieux remplis de bijoux. Le chef de la bande
debout et vu de dos occupe le centre de la composition. Il porte
un manteau rouge qui se drape sur une tunique bleu clair.
Henri Roos s'est représenté lui-même sous les traits du bohé-
mien qui lui montre une statue. Deux hommes à cheval dirigent
les opérations de la troupe composée de quatorze personnages,
hommes, femmes et enfants. Un buffle, un taureau, un bouc, un
bélier, des chèvres et des moutons sont mêlés à la bande ou
épars sur le premier plan. Dans le fond on aperçoit par derrière
l'église de Sainte-Marie in Cosmedin, le Tibre et les collines qui
le dominent. Cette toile porte la signature du maître et la date
de 1664.

Il nous suffira pour recommander ce tableau de dire qu'il est
de la plus belle exécution de Henri Roos et une de ses composi-
tions les plus capitales.

Toile. — Haut., 1 m. 19 c. Larg., 1 m. 59 c.

GESSNER (Salomon).

15. L'Abreuvoir.

Deux palefreniers à cheval conduisent huit chevaux à l'abreu-
voir. Six d'entre eux sont déjà entrés dans les eaux d'un lac

bordé à gauche par des saules, à droite par de grands chênes, et dans le fond par des lignes de montagnes dont les extrêmes sommets sont encore couverts de neige.

Ouvrage d'une large exécution et d'un ton de couleur d'une frappante vérité locale.

Toile. — Haut., 90 c. Larg., 1 m. 5 c.

MENGELBERG (Edm.-Egidius).

16. La Cène.

Copie en grisaille d'après la cène de Léonard de Vinci. Elle porte le nom du peintre et la date de 1805.

Toile. — Haut., 76 c. Larg., 1 m. 22 c.

ÉCOLE ESPAGNOLE

VELASQUEZ (Don Diego Rodriguez de Sylva).

17. Portrait d'homme.

Ce portrait est celui d'un personnage de distinction vu debout, la main droite posée sur la hanche et la tête coiffée d'un large feutre gris ombragé d'un panache rouge et blanc, sous lequel s'échappent de beaux cheveux blonds bouclés; il tient ses gants de la main gauche. Son vêtement se compose d'un justaucorps de soie, doublé de rouge, couvert de riches broderies d'or et orné de rosettes de soie écarlate. Un collet garni de larges dentelles se rabat sur ce justaucorps qui descend en pointe sur une ample culotte rouge, rayée de noir et rattachée au-dessous du genou par des rosaces également garnies de dentelles. Ses jambes plongent dans des bottes molles en peau jaune armées d'éperons. Son épée est retenue par un baudrier passé en sautoir sur son épaule.

Ce portrait, d'une fraîcheur et d'un éclat de coloris très remarquable, est traité dans une manière carressée, précieuse et d'une singulière délicatesse de pinceau. Sa valeur est, du reste, constatée par les offres considérables qui en ont été faites à plusieurs reprises à M. Siebel.

Toile. — Haut , 2 m. 0 c. Larg., 1 m. 12 c.

ÉCOLE ITALIENNE

MARCO D'OGGIONE.

18. La Charité romaine.

La jeune femme, vue à mi-corps, est debout devant son père et lui présente son sein auquel le vieillard affamé attache des lèvres avides. Il porte un vêtement rouge garni de fourrures ; son front est chauve, ses cheveux bouclés et sa barbe d'une éclatante blancheur. La femme a des cheveux roux tressés en nattes qui retombent en larges boucles sur sa poitrine. Sur la muraille on lit : *dato o la vita.*

Rappeler la rareté des ouvrages des élèves de Léonard, c'est appeler l'attention des amateurs sur ce tableau.

Bois. — Haut., 71 c. Larg., 54 c.

PROCACCINI (Giulio Cesare).

19. La Madeleine.

La Sainte pénitente étant tombée en défaillance dans sa solitude, est soutenue par un ange qui semble attristé de sa position.

Ces deux figures sont d'une expression pénétrante ; les chairs palpitent de vie et de mouvement; on y reconnaît à chaque touche le pinceau d'un des meilleurs coloristes de l'école Milanaise.

Toile. — Haut., 1 m. 24 c. Larg., 1 m. 00 c.

BELLUCCI (Antonio).

20. La Mort de Virginie.

Virginius, pour sauver l'honneur de sa fille, lui plonge un poignard dans le sein. La jeune Romaine, les mains jointes et les yeux levés au ciel, semble prendre les Dieux à témoins de son héroïque résignation.

Toile. — Haut., 1 m. 00 c. Larg., 79 c.

CARAVAGE (Michelangiolo, dit le).

21. Le Christ et la Samaritaine.

Le Christ, assis au bord du puits, fait un geste indicatif à la Samaritaine qui le regarde avec étonnement. Elle passe une main dans ses cheveux, de l'autre main elle tient un vase en cuivre.

Toile. — Haut., 97 c. Larg., 78 c.

BADALOCCHI (Sixte).

22. Un Mendiant.

Il est représenté en buste couvert d'un vêtement gris. Ses cheveux sont encore bruns, mais sa barbe est déjà toute blanche.

Toile forme ovale. — Haut., 70 c. Larg., 56 c.

SALVATOR ROSA.

23. Saint Jérôme dans le désert.

Le saint est représenté à mi-jambes, incliné devant une croix qu'il contemple avec la ferveur du repentir. Il tient de la main gauche la pierre avec laquelle il va frapper sa poitrine. Une longue barbe blanche fait ressortir l'austérité de sa physionomie pénitente. Son corps nu est à peine recouvert d'une draperie rouge.

Figure d'une belle étude d'anatomie et de dessin, et d'un éclatant coloris. Toile. — Haut., 1 m. 32 c. Larg., 1 m. 8 c.

GUERCHIN (Francesco Barbieri, dit le).

24. Clorinde.

Clorinde, encore revêtue de son armure sur laquelle se drape un manteau jaune, est assise devant un miroir. Elle tient en main les ciseaux qui vont faire tomber sa belle chevelure. Une suivante soutient le miroir sur une table où est posé le casque de l'héroïne.

Figures à mi-corps exécutées avec une grande fermeté de pinceau. Toile. — Haut., 97 c. Larg., 1 m. 40 c.

ÉCOLE FRANCAISE

BOURDON (Sébastien).

25. Le Repos de la Sainte-Famille.

Le petit saint Jean, assis à côté de la Vierge sur un débris d'architecture antique, lui montre un lapin couché à ses pieds. L'Enfant-Jésus dort sur une couche formée de coussins. Saint Joseph, appuyé sur son bâton, est assis auprès d'une fontaine. Le fond représente les monuments d'une ancienne ville abandonnée.

Composition d'une ordonnance toute Poussinesque ; exécution délicate et facile. Toile. — Haut., 42 c. Larg. 34 c.

Imp. Mauldo et Renou, r. des Fossés-S.-G.-l'Auxerrois, 14.

www.ingramcontent.com/pod-product-compliance
Lightning Source LLC
LaVergne TN
LVHW021503060726
842527LV00006B/2414